SYLLABAIRE

DES

PETITS ENFANS.

Nouvelle Edition,

ORNÉE DE GRAVURES.

PARIS.
ANCIENNE MAISON GAUTHIER,
QUAI DU MARCHÉ-NEUF, 30.

19675

Bien, mes enfans, je suis contente de vous.

SYLLABAIRE

DES

PETITS ENFANS.

Nouvelle Edition,

ORNÉE DE GRAVURES.

PARIS.
ANCIENNE MAISON GAUTHIER,
QUAI DU MARCHÉ-NEUF, 30.

A B C D E F
G H I J K L
M N O P Q R
S T U V W X
Y Z Ç Æ OE.

a b c d e f g h i
j k l m n o p q r
s t u v w x y z
ç à è ù é â ê î ô û.

Lettres italiques.

A B C D E F
G H I J K L M
N O P Q R S T
U V W X Y Z.

a b c d e f g h i
j k l m n o p q
r s t u v w x
y z ç œ œ.

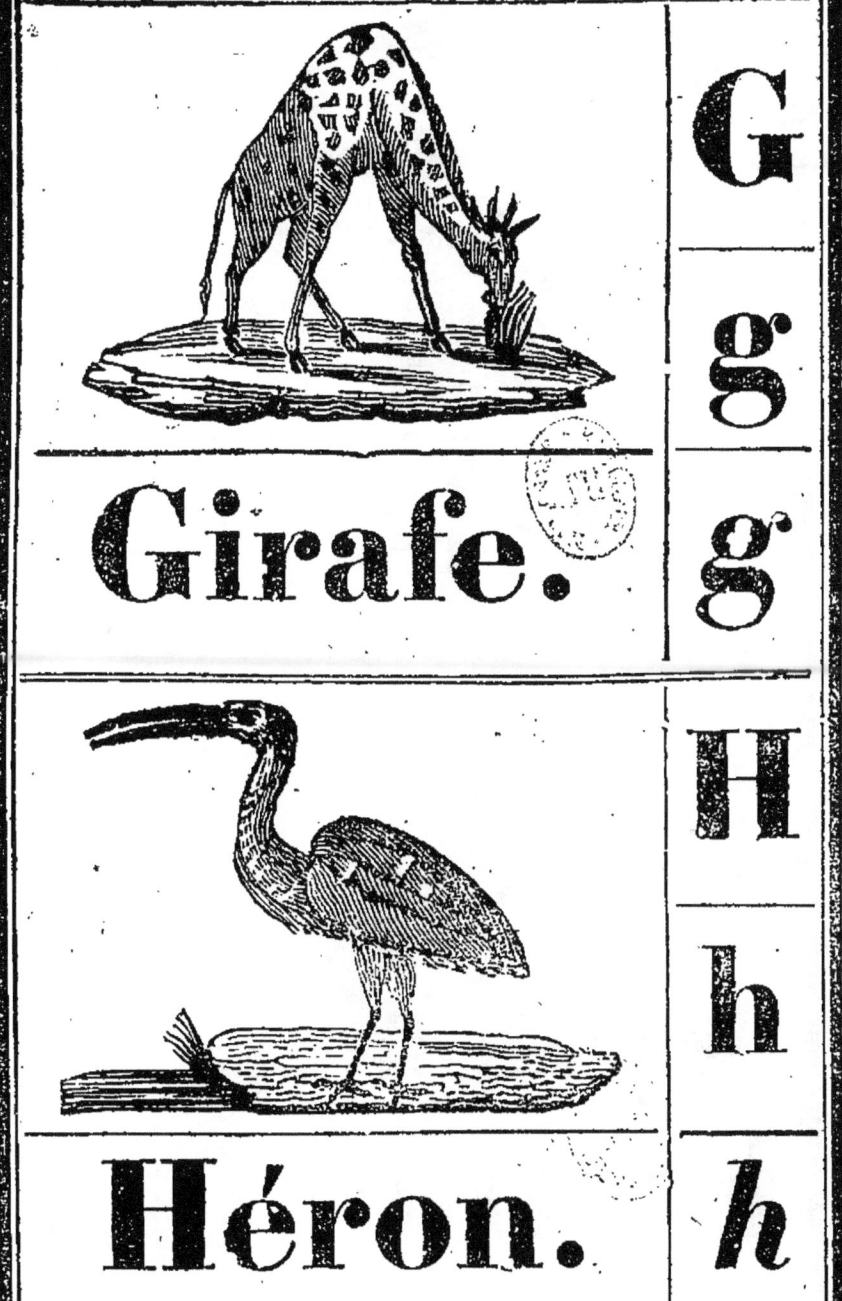

Iris. | I i i

Kamichi. | K k k

Lion.   L l *l*

Musc.   M m *m*

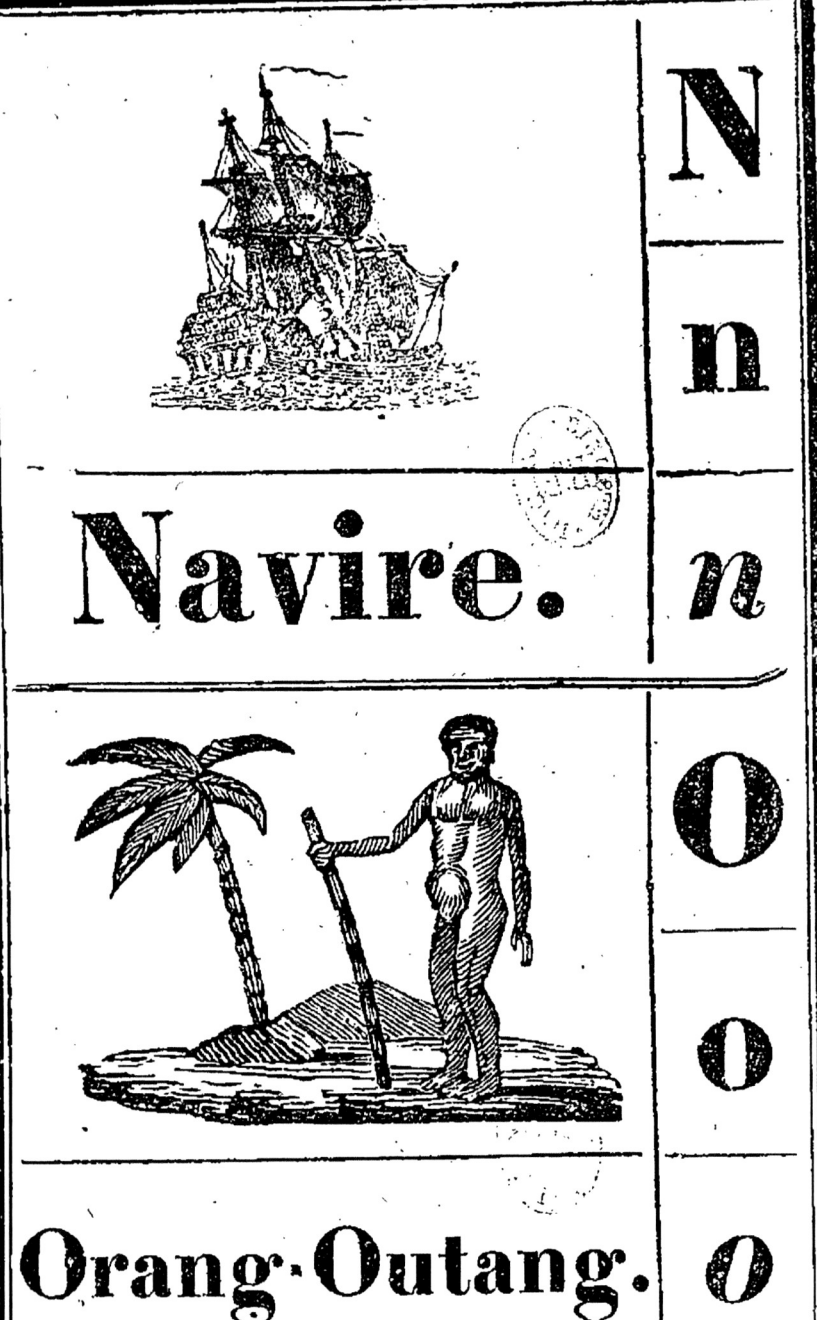

Panthère P p p

Quachy. Q q q

| Renne. | R r r r |
| Souris. | S s s s |

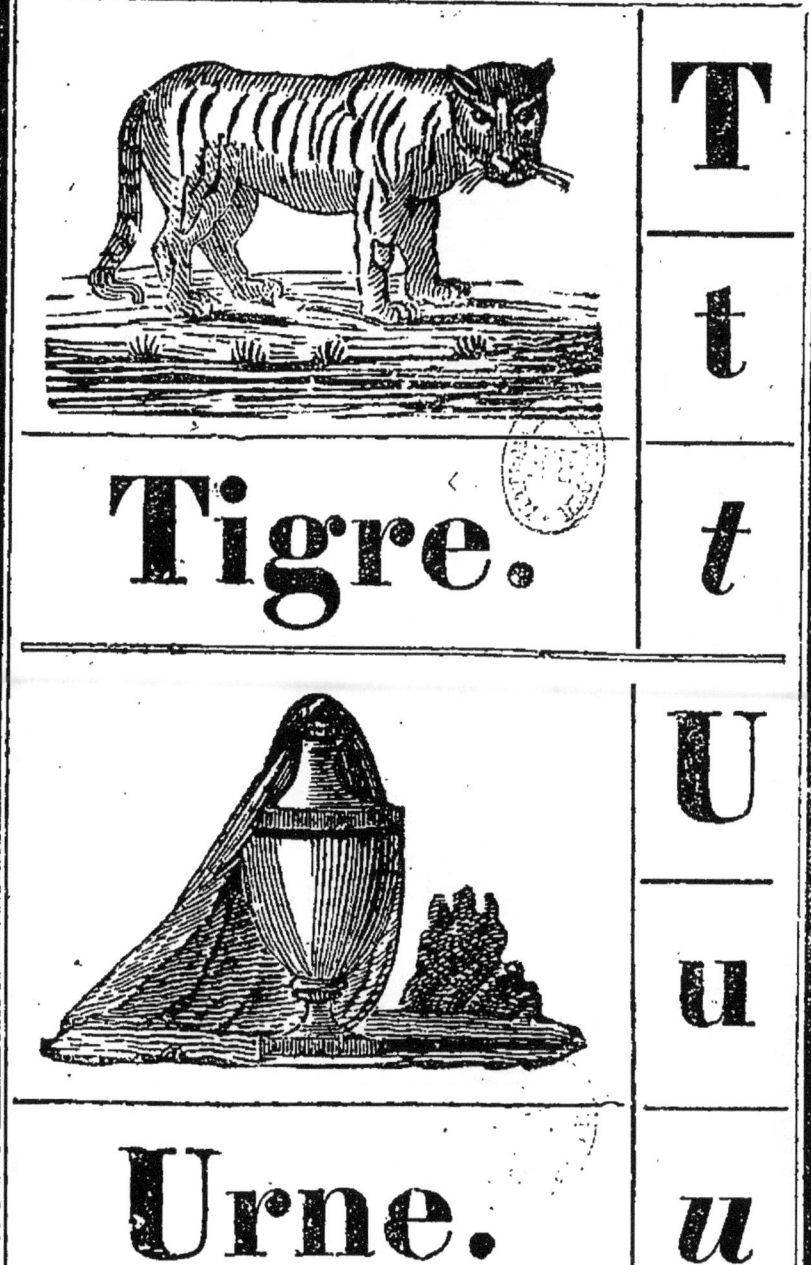

Tigre.	T t t t
Urne.	U u u u

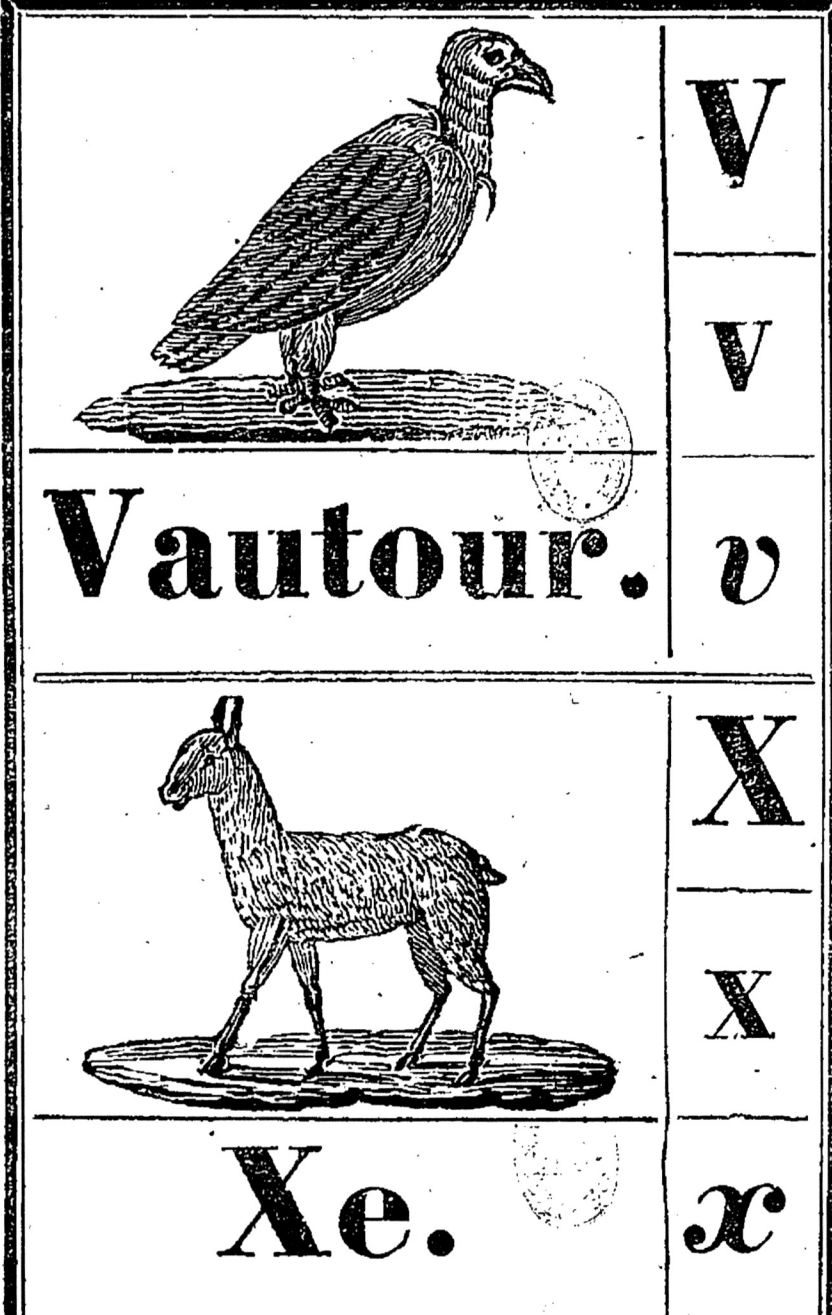

Yacou.	Y y / y
Zèbre.	Z z / z

Lettres voyelles.

a e i *ou* y o u

Lettres consonnes.

b c d f g h k l m
n p q r s t v x z.

Syllabes.

ba be bi bo bu
ca ce ci co cu
da de di do du
fa fe fi fo fu
ga ge gi go gu
ha he hi ho hu
ja je ji jo ju

ka	ke	ki	ko	ku
la	le	li	lo	lu
ma	me	mi	mo	mu
na	ne	ni	no	nu
pa	pe	pi	po	pu
ra	re	ri	ro	ru
sa	se	si	so	su
ta	te	ti	to	tu
va	ve	vi	vo	vu
xa	xe	xi	xo	xu
za	ze	zi	zo	zu

bla	ble	bli	blo	blu
bra	bre	bri	bro	bru
cha	che	chi	cho	chu
cla	cle	cli	clo	clu
cra	cre	cri	cro	cru
dra	dre	dri	dro	dru
gla	gle	gli	glo	glu
gra	gre	gri	gro	gru
pha	phe	phi	pho	phu
pla	ple	pli	plo	plu
pra	pre	pri	pro	pru
tla	tle	tli	tlo	tlu
tra	tre	tri	tro	tru

Mots de deux syllabes.

Pa pa.
Ma man.
Gâ teau.
Jou jou.
Da da.
Toutou.
Poupée.
Dra gée.
Bon bon.
Vo lant.

Rai sin.
Se rin.
Voi sin.
Poi re.
Pom me.
Cou teau.
Bam bin.
Cha peau.
Bon net.
Ca non.
Pou let.

Mots de trois et quatre syllabes.

Ca ba ne.
Ca ba ret.
Cap tu rer.
Con fi tu re.
Da moi seau.
Dé chi rer.
É tren ner.
Fan tai sie.
Grap pil ler.
Im pos tu re.

In con ti nent.
Ju di ci eux.
Ju ri di que.
La pi dai re.
Lai ti è re.
Mas ca ra de.
Né gli gen ce.
O ri gi nal.
Par don na ble.
Ré cré a ti on.
Se cou ra ble.

Mots de cinq et six syllables.

A na to mi que ment.
Au then ti que ment.
A var ta geu se ment.
Ban que rou ti er.
Ci vi li sa ti on.
Dé sin té res se ment.
Éx com mu ni ca ti on.
Fa bu leu se ment.
Gé o mé tri que ment.
Ha bi tu el le ment.
In cor ri gi ble.
Jus ti fi ca ti on.
Li mo na di er.
Ma nu fac tu ri er.
Na tu rel le ment.
Obs ti na ti on.
Par ti cu li è re ment.
Prin ci pa le ment.

Pri mi ti ve ment.
Na tu rel le ment.
Cor di a li té.
Ir ré sis ti ble.
Cou ra geu se ment.
In con vé nient.
A ca ri â tre.
In do ci li té.
In can des cen ce.
Ad mi ra ble ment.
Cu ri o si té.
In e xo ra ble.
In con si dé ré ment.
Per fec ti bi li té.
O ri gi na li té.
Ma li ci eu se ment.
As so ci a ti on.
Va lé tu di nai re.
In cons ti tu ti on nel le ment.

Il faut apprendre à lire, afin de plaire à son Papa, à sa Maman.

Celui qui ne veut être utile à personne, n'est pas digne de vivre avec les autres.

La sagesse

de l'en fant le rend plus ai ma-ble et le fait ché-rir de tous ceux qui le con nais-sent.

Le de voir d'un en fant est d'o-bé ir à ses pa-rens.

Liaisons des mots.

grande affaire,	gran-da-ffaire.
grand homme,	gran-*t*'homme.
rang élevé,	ran-*ké*-levé.
vous êtes aimable,	vou-zê-te-zaimable.
bon ami,	bo-nami.
bons amis,	bon-zamis.
in-octavo,	i-n'octavo.

Apostrophe.

l*e* ami,	l'ami.
l*a* union,	l'union.
qu*e* il,	qu'il.
qu*e* elle,	qu'elle.
lorsqu*e* on,	lorsqu'on.
c*e* est,	c'est.
j*e* aime,	j'aime.
s*e* occuper,	s'occuper.
moins d*e* odeur,	moins d'odeur.
l*a* hirondelle,	l'hirondelle.

Ponctuations.

Point	(.)
Virgule	(,)
Point et virgule	(;)
Deux points	(:)
Point d'interrogation	(?)
Point d'admiration	(!)
Apostrophe	(')
Trait d'union	(-)
Guillemet	(»)
Astérisque	(*)
Parenthèses	( )
Crochets	[ ]
Paragraphe	(§)

ORAISON DOMINICALE.

Notre Père qui êtes aux cieux, que votre nom soit sanctifié, que votre règne arrive, que votre volonté soit faite en la terre comme au ciel ; donnez-nous aujourd'hui notre pain quotidien, pardonnez-nous nos offenses comme nous les pardonnons à ceux qui nous ont offensés, et ne nous laissez pas succomber à la tentation, mais délivrez-nous du mal.
Ainsi soit-il.

SALUTATION ANGÉLIQUE.

Je vous salue, Marie, pleine de grâce, le Seigneur est avec vous, vous êtes bénie entre toutes les femmes, et Jésus le fruit de vos entrailles est béni.

Sainte Marie, mère de Dieu, priez pour nous, pauvres pécheurs, maintenant et à l'heure de notre mort. Ainsi soit-il.

LES COMMANDEMENS DE DIEU.

1. Un seul Dieu tu adoreras,
   Et aimeras parfaitement.
2. Dieu en vain tu ne jureras,
   Ni autre chose pareillement.
3. Les dimanches tu garderas,
   En servant Dieu dévotement.
4. Tes père et mère honoreras,
   Afin de vivre longuement.
5. Homicide point ne seras,
   De fait ni volontairement.
6. Luxurieux point ne seras,
   De corps ni de consentement.
7. Le bien d'autrui tu ne prendras,
   Ni retiendras à ton escient.
8. Faux témoignages ne diras,
   Ni mentiras aucunement.
9. L'œuvre de chair ne désireras
   Qu'en mariage seulement.
10. Biens d'autrui ne convoiteras
    Pour les avoir injustement.

LES COMMANDEMENS DE L'ÉGLISE.

1. Les fêtes tu sanctifieras,
   Qui te sont de commandement.
2. Les dimanches, messe entendras,
   Et les fêtes pareillement.
3. Tous tes péchés confesseras,
   A tout le moins une fois l'an.
4. Ton créateur tu recevras,
   Au moins à Pâques humblement.
5. Quatre-temps, vigiles jeûneras,
   Et le carême entièrement.
6. Vendredi chair ne mangeras,
   Ni le samedi mêmement.

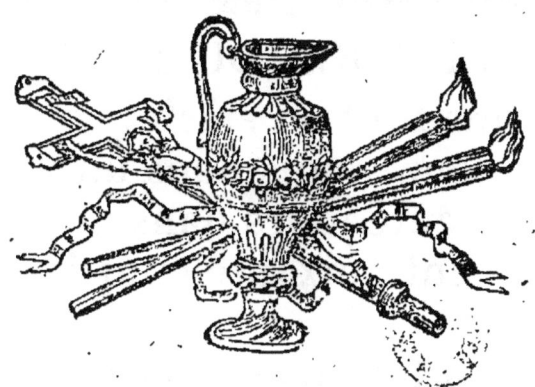

LE SYMBOLE DES APOTRES.

Je crois en Dieu le père Tout-Puissant, créateur du ciel et de la terre, et en Jésus-Christ son Fils unique, notre Seigneur, qui a été conçu du Saint-Esprit, est né de la Vierge Marie, qui a souffert sous Ponce Pilate, a été crucifié; est mort et a été enseveli; est descendu aux enfers; le troisième jour est ressuscité d'entre les morts; est monté aux cieux; est assis à la droite de Dieu le Père Tout-Puissant, d'où il viendra juger les vivans et les morts.

Je crois au Saint-Esprit, à la Sainte Église catholique, à la communion des Saints, à la rémission des péchés, à la résurrection de la chair, et à la vie éternelle. Ainsi soit-il.

DIVISION DU TEMPS.

Cent ans font un siècle.
Il y a douze mois dans un an.
Il y a trente jours dans un mois.
Trois cent soixante-cinq jours font un an.
On divise le mois en quatre semaines; chaque semaine est composée de sept jours que l'on nomme :
Lundi, Mardi, Mercredi,
Jeudi, Vendredi, Samedi,
DIMANCHE.
Les mois de l'année sont :
Janvier, Février, Mars,
Avril, Mai, Juin,
Juillet, Août, Septembre,
Octobre, Novembre, Décembre.
Il y a quatre saisons dans l'année, que l'on appelle
Le Printemps, l'Été,
L'Automne et l'Hiver.

CHIFFRES.
1, 2, 3, 4, 5, 6, 7, 8, 9, 10.

PARIS. — IMPRIMERIE LE NORMANT, RUE DE SEINE, 8.

www.ingramcontent.com/pod-product-compliance
Lightning Source LLC
Chambersburg PA
CBHW061011050426
42453CB00009B/1379